BEI GRIN MACHT SICH IHR WISSEN BEZAHLT

AF151461

- Wir veröffentlichen Ihre Hausarbeit,
  Bachelor- und Masterarbeit

- Ihr eigenes eBook und Buch -
  weltweit in allen wichtigen Shops

- Verdienen Sie an jedem Verkauf

Jetzt bei www.GRIN.com hochladen und kostenlos publizieren

Bibliografische Information der Deutschen Nationalbibliothek:

Die Deutsche Bibliothek verzeichnet diese Publikation in der Deutschen National-
bibliografie; detaillierte bibliografische Daten sind im Internet über http://dnb.d-
nb.de/ abrufbar.

Impressum:

Copyright © 2008 GRIN Verlag, Open Publishing GmbH
Druck und Bindung: Books on Demand GmbH, Norderstedt Germany
ISBN: 978-3-668-09664-6

Dieses Buch bei GRIN:

http://www.grin.com/de/e-book/113111/deutsche-periodika-zur-zeit-der-maerzre-
volution-1848

Andreas Fingas

Deutsche Periodika zur Zeit der Märzrevolution 1848

GRIN Verlag

Veranstaltung:

HS: Publizistik in der deutschen Revolution 1848

Referat am 21. 04. 2008

Thema: Periodische Presse vor und während der Märzrevolution 1848   SS 2008

Deutsche Periodika in Zeiten der Märzrevolution

Name: Andreas Fingas

Studienfächer: BA Germanistik/ KoWi/ Anglistik

Studiensemester: 05

Inhalt

1. Einleitung

In der vorliegenden Arbeit soll ein allgemeiner Überblick über die Zustände in Deutschland unmittelbar vor und während der deutschen Revolution von 1848/49 hinsichtlich der periodischen Presse geschaffen werden.

Um die diese Zustände beschreiben zu können, bedarf es einer kurzen Rückschau auf die politischen und gesellschaftlichen Entwicklungen im davor liegenden halben Jahrhundert, insbesondere im Zeitraum des Vormärz. Diese Retrospektive muss sich sowohl auf die Entwicklungen innerhalb des deutschen Bundes, als auch auf signifikante Ereignisse in den umliegenden Nationen und weiterreichende internationale Veränderungen beziehen. In der Folge werden verschiedene bedeutende Zeitungs-publizistische Organe präsentiert und deren Entwicklung unter Bezug auf die jeweils geltenden Zensurgesetze- und Praktiken beschrieben. Abschließend soll kurz erläutert werden, welchen Einfluss die Geschehnisse und Entwicklungen in den Jahren 1848/49 auf den weiteren Verlauf der deutschen Zeitungs-Geschichte hatten.

2. Neuordnung nach den Befreiungskriegen

Als historischer Einstiegspunkt soll hier die Entstehung des Deutschen Bundes gewählt werden.

Nach der ersten französischen Revolution 1789, in der Vertreter des dritten Standes durch eine provisorisch gegründete Nationalversammlung und eine „Erklärung der Menschen- und Bürgerrechte" die alte feudalabsolutistischen Herrschaftsform ersetzt hatten, ergriff Napoleon Bonaparte als militärischer Führer und 1804 als selbst ernannter Kaiser die Macht in der jungen Republik und begann damit ganz Europa mit Krieg zu überziehen.

2.1 Eroberung durch Napoleon

„Im April 1792 beginnt eine mehr als zwei Jahrzehnte dauernde Kriegsepoche", die zuerst von großen Erfolgen der napoleonischen Revolutionsarmee gekennzeichnet war und die dazu führte, dass Napoleon binnen weniger Jahre ein Herrschaftsgebiet erringen konnte, welches beinahe das komplette Europa umfasste. Nach Siegen über österreichische und russische Truppen und eine regionale Neuordnung

Süddeutschlands, musste sich auch Preußen in der Doppelschlacht von Jena und Auerstedt am 14. Oktober 1806 geschlagen geben. Bereits im Reichsdeputationshauptschluss von 1803 erkannte das Reich diese Neuordnungen offiziell an. Durch die Ereignisse in den folgenden Jahren verlor „die Landkarte des Reiches [...] einen guten Teil ihrer Buntscheckigkeit"[1]. Neben einschneidenden territorialen Veränderungen verlor die Kirche, im Zuge der Säkularisierung ihrer Güter, an weltlicher Macht und Einfluss. Dies „bedeutet zugleich einen wichtigen Schritt zur Auflösung der überkommen feudalen und ständischen Gesellschaft"[2], wie sie zuvor noch das Heilige Römische Reich Deutscher Nation über mehr als 800 Jahre fast unverändert geprägt hatte.

Es folgten, vor allem in Preußen, Reformkonzepte, wie etwa die „Reform der preußischen Heeresverfassung", die zu Beginn des 19. Jahrhunderts „den bereits im Absolutismus begonnenen Prozeß der modernen Staatsbildung fortführten"[3].

2.2 Soziale Neuorientierung

Hatten unter dem ancien régime noch große Anteile der Bevölkerung als Unfreie oder Leibeigene unter zahlreichen Junkern als Bauern gearbeitet, so veränderte sich die Soziale Ordnung im Reich nun dahingehend, dass „Formen persönlicher Leibeigenschaft [...] aufgehoben [...], die Dienste der Bauern [...] gegen Bezahlung abgelöst [...] [und] Grund und Boden [...] frei verkäufliche Wirtschaftsgüter [wurden]"[4]. Zweifellos waren dies essenzielle Meilensteine auf dem Weg zur individuellen Mündigkeit der Bürger, auch wenn von Grundrechten im heutigen Sinn noch nicht die Rede sein konnte.

2.3 Freiheitskriege

In Russland stieß Napoleons grande armé 1812 erstmals auf ernstzunehmenden und überwältigenden Widerstand. 1813 wurde der französische Heerführer schließlich von den „verbündeten preußischen, österreichischen und russischen Truppen"[5] geschlagen

---

[1] Deutscher Bundestag; Referat Öffentlichkeitsarbeit (Hg):Fragen an die Deutsche Geschichte: Wege zur parlamentarischen Demokratie. Bonn: Dt. Bundestag, Referat Öffentlichkeitsarbeit, 1996, S. 37.
[2] Deutscher Bundestag (1996), S. 38.
[3] Deutscher Bundestag (1996), S. 39.
[4] Deutscher Bundestag (1996), S. 41.
[5] Deutscher Bundestag (1996), S. 45.

und zum Rückzug gezwungen. Bereits ein Jahr später traten die Fürsten und Gesandten der Koalitionsmächte Russland, Großbritannien, Österreich und Preußen, sowie Abgesandte anderer europäischer Länder mit den Unterhändlern des besiegten Frankreich auf dem Wiener Kongress zusammen, um über die zukünftigen europäischen Verhältnisse zu verhandeln. Obwohl im restaurativen Sinne die alten Zustände wieder hergestellt werden sollten, blieb „die territoriale Neuordnung Deutschlands unangetastet"[6]. Die Folge war ein lockerer Staatenbund, der als „Deutscher Bund" in die Geschichte einging und bereits 1817 von dem Jenaer Studenten Riemann auf dem Wartburgfest scharf kritisiert wurde.

Indem eine, im Licht früherer Verhältnisse, überschaubarere Anzahl einzelner Staaten im Deutschen Bund zusammengeschlossen wurden, rückte aber auch in den Köpfen der Anhänger einer wachsenden liberalen Bewegung die nationale Einheit der Deutschen Staaten einen Schritt näher. Außerdem hatte 1792 in Mainz „die erste Republik auf deutschem Boden" bestanden. Dieser Zustand hatte zwar nicht lange vorgehalten, machte ein republikanisches Deutschland aber wesentlich vorstellbarer.

3. Verfassung, Repression und Hunger

In den Jahren nach 1815 flammten die Hoffnungen auf ein liberaleres Deutschland erneut auf und der Widerstand gegen das restaurative System verstärkte sich vor allem an den Universitäten, da die in der Bundesakte unter Artikel 13 zugesicherten landesständischen Verfassungen vor allem, im süddeutschen Raum, großzügig verwirklicht wurden. Diese Hoffnungen wurden allerdings durch die verschärft restaurative Gesetzgebung nach der Ermordung des russischen Staatsrates August von Kotzebue, durch den Studenten Karl Ludwig Sand 1819, wieder weitgehend zu Nichte gemacht.

3.1 Karlsbader Beschlüsse

Nachdem sich auf dem Wartburg Fest 1817 hunderte Studenten, Anhänger der neu aufkommenden Burschenschaften, in der Nachfolge der Widerstandbewegung in den Freiheitskriegen, offen gegen das bestehende System ausgesprochen hatten, wurde die

---

[6] Deutscher Bundestag (1996), S. 46.

Stimmung hinsichtlich liberalen Gedankenguts in Regierungskreisen zunehmend negativer. Nach der Ermordung Kotzebues, sahen sich die Regierenden, allen voran Metternich, darin bestätigt, dass eine organisierte antimonarchische Strömung innerhalb des deutschen Bundes bestehe und nach einem erneuten Revolutionsversuch trachte. Um dem entgegenzuwirken verschärften sich seine repressiven und restaurativen Bemühungen in Form der Karlsbader Beschlüsse im September 1819. Mit Ihnen erschuf Metternich ein „polizeiliches Überwachungssystem zur Unterdrückung der liberalen und nationalen Bewegung"[7]. Hauptaugenmerk lag in diesen Beschlüssen auf der Pressezensur, die solche Druckschriften betraf, welche mehr als 20 Bögen oder 320 Seiten fassten, war also offenbar auf die periodische Presse angelegt.

3.2 Wirtschaftlicher Wandel und Pauperismus

Ein rasantes Fortschreiten technologischer Entwicklungen und neuer Methoden vor allem auf dem Agrarsektor, der „mit einem Anteil von mehr als 50% der Beschäftigten nach wie vor den wichtigsten Wirtschaftszweig bildete"[8] und des Handels, der Kommunikation, Produktion und Transport, prägten die erste Hälfte des 19. Jahrhunderts. Dies hatte unter anderem zur Folge, dass die Bevölkerungszahl Mitteleuropas dramatisch ansteigt. „Der hohe Geburtenüberschuß [war] teils durch eine zurückgehende Sterblichkeit, teils durch die nun – nach Aufhebung ständischer Beschränkungen – auch in den unteren Schichten stark zunehmende Zahl von Familiengründungen bedingt"[9].

Die befreiten Bauern konnten aber nur selten selbstständige Existenzen gründen oder führen, wodurch eine breite bäuerliche Unterschicht entstand und stetig anwuchs, in der das Leben am Existenzminimum zur Regel wurde. Ebenso profitierten nicht alle Handwerkszweige von den neuen wirtschaftlichen Freiheiten und der Überwindung innerbündischer Grenzen. „Viele Handwerker [...] steigen so in die soziale Unterschicht ab, deren Existenz dauernd gefährdet ist"[10]. Missernten in den Jahren 1816/17 und noch einmal 1846/47 führten darüber hinaus dazu, dass große Teile der

---

[7] Deutscher Bundestag (1996), S. 50.
[8] Deutscher Bundestag (1996), S. 54.
[9] Deutscher Bundestag (1996), S. 60.
[10] Deutscher Bundestag (1996), S. 61.

deutschen Bevölkerung Hunger leiden mussten und sich ein dementsprechend explosives soziales Klima aufbauen konnte.

4. Die Märzrevolution

Die Unterdrückungsmethoden, ermöglicht durch die Karlsbader Beschlüsse, ungerechte Steuern, Hungersnöte und generelle staatliche Bevormundung gaben den liberalen Gruppierungen, die sich in den einzelstaatlichen Parlamenten gebildet hatten, genug Grund, um vor allem in Süddeutschland immer wieder Politik gegen die Völkerversammlung in Wien zu machen. Vor allem aber auch eine generelle Stimmung des politischen Aufbruchs im übrigen Europa, schaffte eine die Revolution vorbereitende Atmosphäre in Deutschland.

4.1 Vormärz

Bereits die Freiheitsbewegung in Griechenland, war von der deutschen Bürgerschaft begrüßt und unterstützt worden. Ebenso wurden die Entwicklungen in Polen und die französische Julirevolution von 1830 mit großer Aufmerksamkeit verfolgt. In Folge ,oder teilweise zur gleichen Zeit, hielt in verschiedenen Staaten, auch in solchen des deutschen Bundes, „die bisher Reformen verweigert haben"[11] ein gemäßigter Liberalismus Einzug, wie etwa in Hannover, Braunschweig, Hessen-Kassel und Sachsen. Den Höhepunkt dieser liberalen Bewegungen bildete der Marsch zur Burgruine in Hambach, „eine der machtvollsten Kundgebungen der liberalen und nationalen Kundgebungen […] für Pressefreiheit, Verfassungsreformen und die nationalstaatliche Einigung Deutschlands"[12]. Mit rigorosen reaktionären Beschlüssen, versuchte der Deutsche Bund diesen Strömungen allerdings schon 1832 bis 1834 wieder zu unterdrücken. Eine Folge des staatlichen Drucks war die Enthebung und Vertreibung von sieben Göttinger Professoren, die sich „öffentlich gegen den neuen hannoverschen König Ernst August stellen"[13]. Steigende soziale Spannungen, der Weberaufstand von 1844 und die 1847 einsetzende zweite Wirtschaftskrise bereiteten nun immer rasanter den Weg zum revolutionären Aufbegehren.

---

[11] Deutscher Bundestag (1996), S. 79.
[12] Deutscher Bundestag (1996), S. 81.
[13] Deutscher Bundestag (1996), S. 83.

4.2 Straßenschlachten

Als Zündfunke der Revolution von 1848 fungiert das erneute Aufbegehren im benachbarten Frankreich, der Sturz des „Bürgerkönigs" Jean-Philippe, sowie die revolutionären Bestrebungen anderer europäischen Ländern. Die Gründe unterschieden sich allerdings. Wenn man in Frankreich gegen eine „einseitige Interessenherrschaft des Großbürgertums, in Italien und Deutschland gegen die staatliche Zersplitterung, die Überreste der alten Feudalordnung und die absolutistische Staatsverfassung"[14] aufbegehrte, richteten sich in den osteuropäischen Ländern die Unruhen gegen Fremdherrschaft und soziale Ungerechtigkeit. In Deutschland kam es vor allem auf dem Lande zu Tumulten und schließlich zur Formulierung der Märzforderungen nach „Pressefreiheit, Schwurgerichten und Volksverfassungen, [nach] Verfassungen in den Einzelstaaten und [...] die Berufung eines deutschen Parlaments"[15]. Zu offenen Aufständen kam es in Folge auch in Wien und Berlin.

4.3 Volksversammlung und Grundrechte

Nachdem die anfänglichen Übergriffe in verschiednen Städten für die Revolutionäre entschieden werden konnten und in vielen Staaten des Bundes bereits Volksversammlungen einberufen wurden, stellte sich die Aufgabe, eine Nationalversammlung nach französischem Vorbild zusammen zu rufen, um daraufhin parlamentarisch legitimierte Reformen beschließen zu können. Zu einem Vorparlament zogen „am 30. März [...] über 500 Männer in die Paulskirche"[16] ein. Am 18. Mai debattierte dann zum ersten Mal die Nationalversammlung in der erst im Jahre 1833 fertig gestellten Kirche. Parteien gab es in dieser Versammlung noch keine, sie kristallisierten sich erst in den Debatten heraus. So genannte „Klubs" bildeten sich aus solchen Abgeordneten, die gleiche, oder ähnliche Interessen vertraten. Außerhalb der Paulskirche trafen sich Gleichgesinnte und führten Vorberatungen für das Plenum. Diese Gruppen „werden von manchen schon ‚Parteien' genannt"[17].

---

[14] Deutscher Bundestag (1996), S. 92.
[15] Deutscher Bundestag (1996), S. 94.
[16] Deutscher Bundestag (1996), S. 101.
[17] Deutscher Bundestag (1996), S. 104.

Die Debatte über ein allgemeines deutsches Grundrecht wurde von außen interessiert beobachtet. Durch publizistische Aktivitäten versuchten viele Bürger direkt Einfluss auf die Diskussion zu nehmen. Die Grundrechte des deutschen Volkes wurden im Dezember 1848 veröffentlicht. Unter §13 sicherten sie jedem Deutschen das Recht zu, „durch Wort, Schrift, Druck und Bild seine Meinung frei zu Äußern"[18]. Erstmals ist die deutsche Presse frei von jeglicher Zensur.

4.4 Krise und Zusammenbruch

Als Der dänische König noch während der Beratungen zu den Grundgesetzen Bestrebungen zeigte, Schleswig, das sich ebenso wie Holstein der deutschen Revolution angeschlossen hatte, seinem Staatsgebiet einzuverleiben, kam es in diesen Territorien zu Kämpfen zwischen dänischen und bundesdeutschen Truppen unter preußischem Kommando. Obwohl die Mehrheit der Nationalversammlung gegen eine Annahme des Waffenstillstandsvertrages von Malmö stimmte, wurden die Kriegshandlungen, auf Druck Englands und Russlands, eingestellt. Die Nationalversammlung verlor entscheidend an Prestige. „Die tiefgreifenden Differenzen zwischen den [gemäßigten und radikalen Abgeordneten der Paulskirche] treten deutlicher als je zuvor zutage"[19], als Preußen in Folge des Waffenstillstandes den nationalen Gedanken verwarf. Nachdem die Frage geklärt war, wie die Nationalversammlung zum Vorgehen Preußens Stellung beziehen sollte, wurde versäumt die Forderungen der siegreichen Linken in die Tat umzusetzen. Stattdessen verharrte die Nationalversammlung „in ohnmächtiger Passivität"[20] und schwenkte im September schließlich doch noch um, zur Anerkennung des Waffenstillstandes. Nach nur sieben Monaten gab die Nationalversammlung damit ihr Ansehen und in den Augen der Karikaturisten auch jeglichen Anspruch auf reale Regierungsgewalt auf. Linksgerichtete formierten sich nun in Frankfurt und gingen mit Gewalt gegen die von der Nationalversammlung zur Hilfe gerufenen preußischen Truppen an. Die revolutionären Aufstände wurden in Frankfurt niedergeschlagen. Die Zentralgewalt führte ihrerseits gegenrevolutionäre Maßnahmen ein und „plant die Ahndung von ‚Pressevergehen' gegen Beamte und Behörden"[21]. Daraufhin griffen die Unruhen

---

[18] Deutscher Bundestag (1996), S. 112.
[19] Deutscher Bundestag (1996), S. 113.
[20] Deutscher Bundestag (1996), S. 114.
[21] Deutscher Bundestag (1996), S. 116.

auch auf andere deutsche Staaten über und schließlich rief Gustav von Struve zum Putsch auf und postulierte die „deutsche soziale Republik". Die Nationalversammlung galt in den Augen der Republikaner und Demokraten als abgesetzt – der Bürgerkrieg brach aus. Zuerst scheiterte nun die Revolution in Wien, anschließend kam es in Berlin zur Gegenrevolution. In beiden Städten wurde von der siegreichen Monarchie eine konzessionsreiche Verfassung oktroyiert. Trotz allem schaffte es die Nationalversammlung noch im März 1849 eine Reichsverfassung zu beschließen, die eine Erbmonarchie mit beschränkten Befugnissen an der Spitze der deutschen Nation vorsah. Als jedoch Friedrich Willhelm IV. die Kaiserkrone ablehnte, verlor auch die Reichsverfassung an Gültigkeit. In einer letzten Anstrengung, die bürgerlich-demokratischen Errungenschaften zu bewahren, flammten erneut Unruhen auf, die sich zu Aufständen vor allem in Dresden auswuchsen. Obwohl auch diese von preußischen und sächsischen Truppen niedergeschlagen wurden, brach gleichzeitig der Widerstand in der Pfalz aus, badischen Republik-Anhänger stießen hinzu, das Badische Militär meuterte. Nach rund zweimonatigem Kampf wurde die Erhebung ebenfalls niedergeschlagen[22].

„Im Herbst 1849 ist die liberale und demokratische Bewegung [...] besiegt"[23].

5. Die Periodische Presse vor und um 1848

Wie schon eingangs erwähnt ist die Geschichte der periodischen Presse in Deutschland eng verknüpft mit der politischen und gesellschaftlichen Geschichte. In den vorhergehenden Punkten wurde diese Entwicklung grob skizziert. Im Folgenden sollen nun die Rolle und die Erscheinungsformen der Periodika im Deutschland des Vormärz und während der Revolution von 1848/49 dargestellt und untersucht werden. Das Hauptaugenmerk soll hierbei auf der Tagespresse liegen. Da die Geschichte der Tagezeitung, wie es Konrad Dussel formuliert, als eine Geschichte der Pressezensur gesehen werden müsse, wird auch auf dieses Thema ein größerer Teil dieser Arbeit fallen.

---

[22] Vgl.: Deutscher Bundestag (1996), S. 126 – 128.
[23] Deutscher Bundestag (1996), S. 129.

5.1 Wichtige Periodika des Vormärz und der Revolution

Hier folgt nun eine Übersicht ausgewählter Periodika, die teilweise bereits im Vormärz gegründet und noch vor der Revolution 1848 wieder eingestellt wurden, die teilweise bis in die Revolutionszeit hinein, oder darüber hinaus Bestand hatten, oder die zum Anlass der neu gewonnenen Pressefreiheit 1848 neu gegründet wurden. Die hier aufgezählten Zeitungen hatten in ihrer Art zu Berichten, sich teilweise gegen geltendes Pressegesetz aufzulehnen, oder durch die Menschen, die an ihrer Produktion beteiligt waren, Einfluss auf viele andere Medien der Zeit und sind unmittelbar mit den Geschehnissen der Märzrevolution entweder vorbereitend, oder in der Teilnahme verbunden.

5.1.1 Der Rheinische Merkur

Den *Rheinischen Merkur*, unter der Herausgeberschaft von Joseph Görres, setzt Koszyk an den „Beginn der Entwicklungen einer modernen politischen Presse in Deutschland"[24]. In einem Artikel vom 1. Juli des Jahres 1814 forderte der Gymnasial- und Hochschullehrer, katholische Publizist und Historiker Joseph Görres unverhohlen Blätter, „die was in allen Gemüthern [sic] treibt und drängt zur öffentlichen Erörterung bringen [...] sie sollen sich würdig machen, daß das Volk als seine Stimmführer sie achte [...] keine ängstlich furchtsame Censur [sic] soll den allgemeinen Umlauf der Ideen hindern."[25] Görres, der zuvor schon das *Rothe Blatt* und den *Rübezahl*, zwei revolutionäre Blätter, herausgegeben hatte, erlegte es den deutschen Zeitungen in diesem Artikel auf, dass sie „nur etwas gelten, wenn sie öffentliche Meinung vertraten und vermittelten."[26] Bereits im *Vaterländischen Museum* hatte Görres die Forderung erhoben, dass sich im Volk eine öffentliche Meinung bilden müsse. Ohne Zweifel maß er den bewusst schreibenden Redakteuren deutscher Tageszeitungen bei diesem Prozess der Meinungsbildung eine wesentliche Bedeutung bei. Dass es sich beim *Rheinischen Merkur* um ein offiziöses Blatt gehandelt habe, lehnt Koszyk ab. Görres brach als einer der ersten mit der Gewohnheit deutscher Periodika, nur kommentarlos Fakten in Nachrichtenform zu

---

[24] Koszyk, Kurt: Deutsche Presse im 19. Jahrhundert, Geschichte der deutschen Presse Teil II. Fritz Eberhardt (Hg): Abhandlungen und Materialien zur Publizistik (Band 6). Berlin: Colloquium, 1966, S. 22.
[25] Koszyk (1966), S. 22.
[26] Koszyk (1966), S. 24.

veröffentlichen und verarbeitete die „Nachrichten zu Berichten."[27] Der *Rheinische Merkur* erschien alle zwei Tage und war zugleich „Nachrichten- und Meinungsorgan."[28] Koszyk beschreibt die innere und äußere Form des *Merkur* wie folgt:

Jede der in Quartformat alle zwei Tage veröffentlichten Ausgaben hatte vier Seiten, selten eine Beilage. Von der achten Nummer an erschien über dem Titel, der ein Drittel der ersten Seite einnimmt, die allegorische Darstellung von Rhein und Mosel als Emblem für den Erscheinungsort. Die Seiten wurden zweispaltig umbrochen und in der Mitte durch eine Zierleiste geteilt. Die einzelnen Nummern beginnen meistens mit einem Leitartikel, der sich oft über die ganze Ausgabe erstreckt, oder mit ausführlichen ,Übersichten der neusten Zeitereignisse'. Diese Übersichten machen das redaktionelle Prinzip deutlich, nach dem der Zusammenhang des Geschehens herauszuarbeiten war. [...] Der redaktionelle Ton wirkt, unter Beachtung eines gehobenen sprachlichen Niveaus, unmißverstädlich. Gegner werden nicht geschont, Freunde nicht verwöhnt.[29]

Obwohl sich Görres in seiner Zeitung offene Kritik an den Ergebnissen der französischen Friedensverhandlungen erlaubte, und auch sonst die zeitgeistlichen, vor allem politischen Themen kritisch beleuchtete, duldeten die preußischen Behörden diesen Ton. Als sich die Stimmung zwischen Deutschland und Frankreich allerdings auf Regierungsebene wieder friedlicher gestaltete, wurde Görres' Blatt, „in Bayern, Württemberg und Sachsen verfolgt."[30] Das Verbot der Zeitung folgte am 3. Januar 1816. Die publizistische Manier Görres' dürfte wohl auch dazu beigetragen haben, dass das Thema Pressefreiheit in der Bundesversammlung erneut diskutiert wurde. Drei Jahre später folgten die Karlsbader Beschlüsse und eine Zeit radikaler und restaurativer Zensur. Darauf soll unter dem Punkt „Presse und Zensur" noch genauer eingegangen werden.

Weitere Blätter des Vormärz, die auch in Görres' Artikel vom 1. Januar 1814 positive Erwähnung fanden, also den meinungsbildenden und kritischen Ansprüchen des Verlegers entsprachen, waren unter Anderem die *Münchner Zeitung, Korrepondent von und für Teutschland* (Nürnberg), *Allgemeine Zeitung, Augsburgische Ordinari Postzeitung* (Augsburg), *Würzburger Zeitung, Fränkischer Merkur, Hamburger Zeitung, Teutscher Beobachter* (Bremen), *Allgemeine Zeitung* (Kassel), *Post-Amts-Zeitung* (Frankfurt a. M.), *Mainzer Merkur* und *Kölnische Zeitung*. Diesen gegenüber stand eine Großzahl konservativ offiziöser Blätter, verteilt über den gesamten Bund

---

[27] Koszyk (1966), S. 24.
[28] Ebd.
[29] Koszyk (1966), S. 27 – 28.
[30] Koszyk (1966), S. 29.

(vor allem aber in Preußen), deren Artikel auch von Görres und Gleichgesinnten immer wieder aufgegriffen und kritisiert wurden.

5.1.2 Der Wächter am Rhein

In der Zeit nach 1819, als die Karlsbader Beschlüsse in Kraft traten und die Berichterstattung periodischer Zeitungen und Zeitschriften massiv erschwerten, wurden viele der den Fürsten unliebsamen Blätter verboten. In den Jahren unmittelbar vor der Märzrevolution, als diese Restriktionen zwar nicht aufgehoben, aber doch in verschiedenen Staaten des Bundes und vor allem in Süddeutschland mit weniger Nachdruck vollzogen wurden, wurden auch wieder neue politische Periodika gegründet. Dies zeichnete sich schon am Anfang der 1830er Jahre ab, als in Baden auf Druck der zweiten Regierungskammer, die Pressefreiheit erreicht wurde. Sofort wurden zwei Zeitungen neu gegründet, der *Freisinnige* in Freiburg und der *Wächter am Rhein* in Mannheim. Der *Wächter am Rhein* nutzte die neu gewonnene Freiheit zur Thematisierung liberaler Zielsetzungen, die Einheit, Gleichheit und Freiheit Deutschlands betreffend. Von der Bundesversammlung wurde dieses progressive Vorgehen Badens mit Unwillen beobachtet und als der *Wächter* vermeintlich offen zur Revolution aufrief, wurde den Verantwortlichen der Prozess gemacht, wurden die Pressegesetze in Baden wieder an die Karlsbader Beschlüsse angeglichen und das Blatt 1832 verboten. Die so zurückgeworfenen Liberalen in Baden formierten sich allerdings neu und bis 1838 erschienen weitere systemkritische Blätter wie etwa Heinrich Hoffs *Rheinischer Postillon/Deutscher Postillon* oder nach dessen Verkauf der *Leuchtturm* und die *Deutsche Volkshalle* von Ignatz Vaniotti.

5.1.3 Die (neue) Rheinische Zeitung

Bei der *Rheinischen Zeitung* und der *Neuen Rheinischen Zeitung* handelte es sich um zwei zeitlich getrennte Periodika, deren Gemeinsamkeit vor allem darin bestand, dass Karl Marx sich an ihnen beteiligte. Die *Rheinische Zeitung* in Köln bekam 1842 ihre Konzession und noch im selben Jahr engagierte man den damals 24 Jahre alten Karl Marx, der im Oktober des Jahres zum Chefredakteur aufstieg. „Seine kühnen Artikel verhalfen dem Blatt zu so viel Rennomée, dass ein Verbot [...] nur noch eine Frage der Zeit war."[31] Dieses Verbot folgte dann auch am 31. März 1943, als bereits ein Kontingent von rund 3.400 Abonnementen bestanden haben soll.

In der Revolution von 1848 versuchte Marx dort weiter zu machen, wo die *Rheinische Zeitung* aufgehört hatte. „Das Flaggschiff der radikalen Presse"[32] wurde die *Neue Rheinische Zeitung* mit ihm als Journalist und Chefredakteur. Mit Artikeln, in denen ein starker sozialrevolutionärer Grundton mitschwang, schaffte das Blatt „eine Auflage von 6000 Exemplaren."[33]

5.1.4 Struve und das Mannheimer Journal

Als der spanischstämmige und hochkonservative Uri von Sarachaga zum badischen Zensor berufen wurde übernahm ein Jahr später Gustav von Struve die Leitung des *Mannheimer Journal*. Er wandelte das bis dahin unpolitische Blatt zu einer liberal fortschrittlichen Zeitung und wurde im Streit um Streichungen mit Sarachaga in diverse juristische Prozesse verwickelt, die er und das *Journal* allerdings meist unbeschadet überstanden. „Struve nutze [...] die einzige Zensur-Lücke, die die Karlsbader Beschlüsse gelassen hatte: Er veröffentlichte nicht nur seine Beschwerden und die Entscheidungen in Sachen Zensur, sondern auch die davon betroffenen Artikel [...]. Das gesamte Material füllte leicht mehr als 20 Bogen, also 320 Seiten, und war deshalb selbst nicht zensurpflichtig."[34] Struve wurde immer radikaler und zog sich schließlich 1847 vom *Mannheimer Journal* zurück, um den neuen *Deutschen Zuschauer* heraus zu geben. Als schließlich in Frankreich Louis Philippe gestürzt wurde und sich die Nachricht rasend schnell in Deutschland verbreitete, entsprang der Zündfunke der Märzrevolution 1848 zuerst in Baden. „Struve und sein Verleger Hoff luden die Einwohner Mannheims sofort zu einer großen Volksversammlung am 27. Februar ein, und über 2.500 Mannheimer kamen [...]."[35] In dieser Versammlung entstanden auch die so genannten „Märzforderungen" an den Karlsruher Landtag, die unter Anderem unbedingte Pressefreiheit forderten und zum Vorbild ähnlicher Forderungen in verschiedenen deutschen Bundesstaaten wurden. Die Pressefreiheit kam in Baden am 1. März, indem das Pressegesetz von 1832 wieder in Kraft trat. „Der Großherzog kam damit der Bundesversammlung um zwei Tage zuvor, denn erst am 3.

---

[31] Dussel, Konrad: Deutsche Tagespresse im 19. und 20. Jahrhundert. Münster: LIT, 2004, S. 35.
[32] Dussel (2004), S. 48.
[33] Ebd.
[34] Dussel (2004), S. 36 – 37.
[35] Dussel (2004), S. 41.

März stellte diese jedem Mitgliedstaat anheim, die Karlsbader Beschlüsse aufzuheben und Pressefreiheit einzuführen."[36]

5.1.5 Seeblätter, Volksfreund, Deutsche Volkszeitung

Obwohl seit Anfang 1848 Pressefreiheit herrschte, wurden einige revolutionäre Zeitungen verboten und Verleger, sowie Redakteure unter Druck gesetzt. Ein Beispiel sind hier die Konstanzer *Seeblätter* deren Herausgeber Josef Fickler am 8. April 1848 verhaftet wurde und bis zum Ende der Revolution in Festungshaft verbleiben musste. „Die ‚Seeblätter' erschienen weiter, wurden aber immer wieder konfisziert und ihre Redakteure wegen Pressevergehen verfolgt."[37] Ähnlich erging es anderen radikalen Blättern wie dem *Volkfreund* des Revolutionärs und Anführers des Heckerzuges Friedrich Hecker und der *Deutschen Volkszeitung* Gustav von Struves. Deren „Verleger Heinrich Hoff wurde wegen Aufforderung zum Hochverrat' verhaftet."[38] Von einer generellen Unterdrückung der radikalen Presse während der Revolution, so Dussel, könne man aber nicht sprechen.

5.1.6 Das „Professorenblatt"

Wenn die *Seeblätter* zum Sprachrohr der Radikalen avancierten, so galt die anfänglich in Mannheim und später in Frankfurt verlegte *Deutsche Zeitung* als Hauptblatt der Liberalen. „Zu ihren Mitarbeitern zählte die Elite der deutschen Historiker und Germanisten" [39], was ihr den Beinamen „Professorenblatt" einbrachte. Auch in der Presse spiegelte sich also die Zerrissenheit der deutschen Revolutionäre wider, die zwar zu Anfang in ihrem antiaristokratischen Streben geeint waren, nun aber durch unterschiedliche Vorstellungen hinsichtlich Deutschlands politischer und gesellschaftlicher Zukunft sich in verschiedene Lager trennten. In diesen Lagern standen sich die *Seeblätter* und die *Deutsche Zeitung* publizistisch gegenüber.

---

[36] Dussel (2004), S. 42.
[37] Dussel (2004), S. 47.
[38] Ebd.
[39] Dussel (2004), S. 48.

5.2 Presse und Zensur

Die Bundesversammlung beauftragte 1817 Günther Heinrich von Berg „die geltenden deutschen Pressegesetze übersichtlich zusammenzustellen"[40]. In seinem Bericht vor der Bundesversammlung zeichnete von Berg daraufhin ein Bild, in dem die Freiheiten und Restriktionen beschrieben wurden, welche bezüglich der Presse in verschiedenen Staaten des Bundes vorlagen. Demnach sei die Pressefreiheit „in den Großherzogtümern Hessen und den beiden Mecklenburg bereits seit längerer Zeit" als Regierungsgrundsatz gegeben. In Bayern unterlagen besonders „periodische Blätter politischen Inhalts"[41] der Zensur. Auch in Nassau lag seit 1814 uneingeschränkte Pressefreiheit vor. Ausnahmslose Vorzensur galt hingegen in Österreich, wo einer Oberzensurbehörde vor jedem Druck der zu verlegende Text vorzulegen war. Es war auch von Berg, der die Unterscheidung zwischen einem polizeilichen und einem juristischen Zensursystem etablierte, welches später von Wieland wiederum kritisiert wurde.

Mit Inkrafttreten der Karlsbader Beschlüsse am 18. Oktober 1819 überzog Metternich den deutschen Staatenbund mit einem einheitlichen Pressegesetz und einer scharfen Zensurregelung, unter der Aufsicht des „Ober-Zensur-Kollegiums" in Berlin.[42] Durch die Beschlüsse wurde die nach den Befreiungskriegen im Wiener Kongress in Aussicht gestellte Pressefreiheit in ungreifbare Ferne gerückt. „Ein bis in die Einzelheiten gehendes, auf gesetzlicher Basis beruhendes polizei-staatliches Aufsichtssystem bevormundete nun die Bürger im gesamten Deutschen Bund."[43] Dass diese reaktionäre Pressegesetzgebung in einigen Bundesländern auf regen Widerstand stieß, zeigt sich am Beispiel der Bestrebungen Badens im Jahre 1832. Die Schlüsselfiguren dieser Entwicklung waren der „Historiker und Philosoph Karl von Rottek und [der] Jurist Karl Theodor Welcker."[44] Die intensiven Bemühungen vor allem Welckers hatten zur Folge, dass am 1. März 1832 die Pressefreiheit in Baden gesetzlich verankert wurde. Tatsächlich handelte es sich hier nicht um eine vollkommene Aufhebung der Vorzensur, sondern lediglich um die Ausnahme solcher Schriften, „die ihrem Inhalt nach weder den Deutschen Bund noch dazugehörige

---

[40] Koszyk (1966), S. 37.
[41] Koszyk (1966), S. 37.
[42] Vgl.: Eisenhart, Ulrich: Wandlungen von Zweck und Methoden der Zensur im 18 und 19. Jahrhundert. In: Herbert G. Göpfert, Ermann Weyrauch (Hg): Unmoralisch an sich... Zensur im 18. und 19. Jahrhundert. Wiesbaden: Harrassowitz, 1988 (= Wolfenbütteler Schriften zur Geschichte des Buchwesens, Band 13), S. 10.
[43] Eisenhart (1988), S. 10.
[44] Eisenhart (1988), S. 11.

Einzelstaaten außer Baden betrafen."[45] Bereits vier Monate nach Inkrafttreten dieses Gesetzes musste die badische Regierung allerdings, unter dem Druck Österreichs und Preußens, die Pressegesetzgebung der Karlsbader Beschlüsse wieder einführen. Gleichzeitig verschärfte Metternich die allgemeinen Presse-Restriktionen noch weiter. „So wurde u. a. die Verbreitung ausländischer Zeitschriften und Druckschriften bis zu 20 Bogen Umfang verboten."[46] In folgenden Verschärfungen mittels der „Wiener-Kabinetts-Konferenz" wurden darüber hinaus auch Zensurlücken verboten, die bis dahin das Wirken des Zensors eindeutig zeigten. Auch die Bestrebungen Preußens 1843 die eigenen Pressegesetze zu lockern, wurden von Metternich noch im selben Jahr unterdrückt. Dass damit die Bestrebungen die Zensur zu lockern oder ganz abzuschaffen nicht vom Tisch waren, zeigen die Forderungen des badischen Freiherrn von Blittersdorff, die auch in Sachsen Zustimmung fanden. Bis zur Revolution 1848 blieben die geltenden Gesetze allerdings in vollem Umfang in Kraft.[47]

5.3 Pressefreiheit um 1848

Zum ersten Mal in der deutschen Geschichte kam mit der Revolution von 1848 uneingeschränkte Pressefreiheit. Dass die Erfahrungen der Regierung mit der neu errungenen Freiheit der Presse nicht durchweg positiv waren, zeigt sich an der Pressegesetzgebung nach der Revolution. Die während der Ära Metternich praktizierte Vorzensur sollte zwar nicht mehr eingeführt werden, trotzdem wollte man aber dem „sogenannten ‚Missbrauch' der Presse"[48] entschieden entgegenwirken. Grund war eine gewisse Übereifrigkeit der politischen Publizisten, die, immer stärker von der Volksversammlung in Frankfurt mit Informationen bedient, die Deutschen Länder mit Meldungen überschwemmten. Koszyk fasst es in folgende Worte: „die [...] Flut von neuen Zeitungen [zeugte] weniger von einem gesunden politischen Leben als von einem ungesunden publizistischen Eifer. Verleger und Redakteure wußten nicht, wie die Freiheit zu nutzen war [...]. Da wurden Hoffnungen geweckt und gefördert, die

[45] Eisenhart (1988), S. 12.
[46] Vgl.: Huber, Ernst-Rudolf: Der Kampf um Einheit und Freiheit 1830 bis 1850. Stuttgart: Kohlhammer, 1968 (= Deutsche Verfassungsgeschichte seit 1789, Band 2), S. 162 ff.
[47] Vgl.: Eisenhart (1988), S. 16.
[48] Siemann, Wolfram: Von der offenen zur Mittelbaren Kontrolle. Der Wandel in der deutschen Pressegesetzgebung und Zensurpraxis des 19. Jahrhunderts. In: Herbert G. Göpfert, Ermann Weyrauch (Hg): Unmoralisch an sich... Zensur im 18. und 19. Jahrhundert (= Wolfenbütteler Schriften zur Geschichte des Buchwesens, Band 13). Wiesbaden: Harrassowitz, 1988, S. 297.

selten vor der Realität bestanden."[49] Allein in Berlin drängten 90 neue politische Zeitungen auf den Markt und erweiterten den bereits bestehenden Zeitungsmarkt auf 150 Presseorgane.[50] Die erwähnte Flut geht schließlich auch mit der splittrigen Struktur des deutschen Bundes einher, in dem bald jede größere Stadt eigene politische Zeitungen hervorbrachte. Eine weitere Folge der Pressefreiheit und des florierenden, freien Zeitungsmarktes war das Verschwinden vieler offiziöser Blätter. Diesen Effekt bezeichnet Koszyk als „die bedeutendste Konsequenz der revolutionären Vorgänge."[51] Grundsätzlich machte sich die neu erworbene Presse- und Meinungsfreiheit in einer Explosion publizistischer Medien Raum. „Karikaturen, Flugblätter und Flugschriften, Maueranschläge und Rhetorik entfesselten eine über Monate anhaltende politische Erregung."[52]

5.4   Politische Berichterstattung

Zwischen den politischen Zeitungen und der Volksversammlung in Frankfurt stellten sich schnell rege Verbindungen ein. Dies hing zum einen damit zusammen, dass einige der Angeordneten selbst Zeitungsherausgeber waren. „Der Redakteur des *Teutschen Volksblattes* in Würzburg, Gottfried Eisenmann [war beispielsweise] selbst Mitglied der Nationalversammlung."[53] Zum anderen schlugen sich einige Publizisten auf die Seite der sich während der Debatten gründenden „Klubs" und avancierten so zu deren politischem Sprachorgan. Diese politischen Vereine, die sich vor allem durch einen Konsens gemeinschaftlicher Interessen konstituierten, trafen sich außerhalb der Nationalversammlung, um interne Debatten abzuhalten. Auch Inhalte dieser Versammlungen waren für die Presse von größtem Interesse. In der Presse wurde bald rege diskutiert, „was sonst nur hinter verschlossenen Türen der Klublokals zur Sprache kam."[54] Der oben genannte Publizist Eisenmann zeichnete in seinem *Teutschen Volksblatt* ein umfassendes Bild der revolutionären Parteienlandschaft in der Paulskirche. Durch ihn wissen wir, dass der Verleger Daniel Bassermann zur „Rechten im eigentlichen Sinne"[55] gehörte und dieser auch seine *Deutsche Zeitung* als

---

[49] Koszyk (1966), S. 110.
[50] Vgl.: Heinrich-Jost, Ingrid: Die Presse in der Märzrevolution von 1848 in Deutschland. Eine Ausstellung des Instituts für Zeitungsforschung der Stadt Dortmunds und des Internationalen Zeitungsmuseums der Stadt Aachen unter Förderung durch das Sekretariat für gemeinsame Kulturarbeit Wuppertal. (Ausstellungskatalog). Dortmund: (k.A.), 1981, S. 24.
[51] Koszyk (1966), S. 109.
[52] Koszyk (1966), S. 115.
[53] Koszyk (1966), S. 106.
[54] Koszyk (1966), S. 107.
[55] Koszyk (1966), S. 108.

Organ zur Verfügung stellte. Auch der Mitbegründer der Zeitung Karl Mathy gehörte diesem Verein an. Als weiteres Beispiel politisch motivierter Publizistik lässt sich auch die Splittergruppe des Linken Zentrums anführen, das im Augsburger Hof tagte. Zu dieser Gruppe gehörte „der Leipziger Staatswissenschaftler und spätere Redakteur der *Deutschen Allgemeinen Zeitung* und der *Weimarer Zeitung*, Karl Biedermann."[56]

6. Bedeutung der Revolution für die weitere Entwicklung der periodischen Presse in Deutschland

Nachdem Deutschland erstmals absolute Pressefreiheit erlebt hatte, wurde diese auch nach dem Scheitern der Revolution von vielen Staaten in deren Gesetzgebung aufgenommen und dadurch bis in die heutige Zeit transportiert: „Die preußische Verfassung von 1850 enthielt unter dem Titel II [...] einen ansehnlichen Grundrechtskatalog, zu dem auch das Recht auf freie Meinungsäußerung samt der Pressefreiheit und die Freiheit von Wissenschaft und Lehre gehörten."[57] Die Zeitungen erhielten außerdem neue Strukturen, die bis heute großteils unverändert geblieben sind. Dies begann damit, dass sich das so genannte ‚Berliner Format' einheitlich durchzusetzen begann. Waren zuvor Zeitungen in unterschiedlichsten Blattgrößen produziert worden, pendelten sich diese nun auf ein einheitlich großes Format ein. Hatte bisher die Praxis geherrscht, Fakten, also Informationen mit reinem Informationswert, mit subjektiven Kommentaren des jeweiligen Journalisten zu durchmischen, wurde diese nun durch ein Feuilleton mit ausgelagertem politischem Kommentar ersetzt. Außerdem wurde das Feuilleton durch eine Positionierung unter dem Strich nun deutlich vom restlichen Text getrennt. Vor allem aber gewann das Anzeigengeschäft immer mehr an Bedeutung, welches die Finanzierung des Verlages durch Einzelverkauf, aber vor allem durch Abonnements ergänzte und dadurch maßgeblich zur Verbilligung der Zeitungen beitrug.[58] Dies hatte schließlich zur Folge, dass Periodika nicht mehr nur als Luxusgut von finanziell besser Gestellten zu beziehen waren, sondern nun auch einer „ärmeren" Leserschicht zugänglich(er) wurden. Diese Entwicklung trug letztendlich auch dazu bei, dass sich das Leseverhalten vieler Rezipienten änderte, die zuvor noch in Gruppen eine einzige

---

[56] Koszyk (1966), S. 109.
[57] Eisenhart (1988), S. 17.
[58] Vgl.: Heinrich-Jost (1981), S. 24.

Zeitung gelesen hatten und nun zunehmend die Möglichkeit zur privaten Lektüre erhielten.

Quellen

- Deutscher Bundestag; Referat Öffentlichkeitsarbeit (Hg): Fragen an die Deutsche Geschichte: Wege zur parlamentarischen Demokratie. Bonn: Dt. Bundestag, Referat Öffentlichkeitsarbeit, 1996.

- Dussel, Konrad: Deutsche Tagespresse im 19. und 20. Jahrhundert. Münster: LIT, 2004.

- Eisenhart, Ulrich: Wandlungen von Zweck und Methoden der Zensur im 18 und 19. Jahrhundert. In: Herbert G. Göpfert, Ermann Weyrauch (Hg): Unmoralisch an sich... Zensur im 18. und 19. Jahrhundert. Wiesbaden: Harrassowitz, 1988 (= Wolfenbütteler Schriften zur Geschichte des Buchwesens, Band 13).

- Heinrich-Jost, Ingrid: Die Presse in der Märzrevolution von 1848 in Deutschland. Eine Ausstellung des Instituts für Zeitungsforschung der Stadt Dortmunds und des Internationalen Zeitungsmuseums der Stadt Aachen unter Förderung durch das Sekretariat für gemeinsame Kulturarbeit Wuppertal. (Ausstellungskatalog). Dortmund: (k.A.), 1981.

- Huber, Ernst-Rudolf: Der Kampf um Einheit und Freiheit 1830 bis 1850. Stuttgart: Kohlhammer, 1968 (= Deutsche Verfassungsgeschichte seit 1789, Band 2).

- Koszyk, Kurt: Deutsche Presse im 19. Jahrhundert, Geschichte der deutschen Presse Teil II (= Abhandlungen und Materialien zur Publizistik, Band 6). Berlin: Colloquium, 1966.

- Siemann, Wolfram: Von der offenen zur mittelbaren Kontrolle. Der Wandel in der deutschen Pressgesetzgebung und Zensurpraxis des 19. Jahrhunderts. In: Herbert G. Göpfert, Ermann Weyrauch (Hg): Unmoralisch an sich... Zensur im 18. und 19. Jahrhundert. Wiesbaden: Harrassowitz, 1988 (= Wolfenbütteler Schriften zur Geschichte des Buchwesens, Band 13).

Ich erkläre hiermit, dass ich die vorstehende Hausarbeit selbständig angefertigt, keine anderen Hilfsmittel als die im Quellen- und Literaturverzeichnis genannten benutzt und alle aus den Quellen und der Literatur wörtlich oder sinngemäß entnommenen Stellen als solche kenntlich gemacht habe.

Andreas Fingas

BEI GRIN MACHT SICH IHR
WISSEN BEZAHLT

- Wir veröffentlichen Ihre Hausarbeit,
  Bachelor- und Masterarbeit

- Ihr eigenes eBook und Buch -
  weltweit in allen wichtigen Shops

- Verdienen Sie an jedem Verkauf

Jetzt bei www.GRIN.com hochladen
und kostenlos publizieren